발칙한 생각

시산맥 기획시선 118

발칙한 생각

시산맥 기획시선 118

초판 1쇄 인쇄 | 2023년 11월 20일
초판 1쇄 발행 | 2023년 12월 01일

지은이 전혜진
펴낸이 문정영
펴낸곳 시산맥사
편집주간 김필영
편집위원 신정민 최연수
등록번호 제300-2013-12호
등록일자 2009년 4월 15일
주소 03131 서울특별시 종로구 율곡로 6길 36. 월드오피스텔 1102호
전화 02-764-8722, 010-8894-8722
전자우편 poemmtss@naver.com
시산맥카페 http://cafe.daum.net/poemmtss

ISBN 979-11-6243-417-8 (03810)

값 10,000원

* 이 책은 전부 또는 일부 내용을 재사용하려면 반드시 저작권자와 시산맥사의 동의를 받아야 합니다.
* 이 책은 교보문고와 연계하여 전자북으로 발간되었습니다.
* 본문 페이지에서 한 연이 첫 번째 행에서 시작될 때에는 〈 표기를 합니다.
* 저자의 의도에 따라 작품의 보조 동사와 합성 명사는 띄어쓰기가 달라질 수 있습니다.

발칙한 생각

전혜진 시집

■ 시인의 말

지나간 날과 지나는 날 사이
답을 찾지 못할 때마다 발칙한 생각을 했습니다.

생각은 시가 되고
시는 길이 되고
지금 길을 걷습니다.

좋은 시는 좋은 삶을 만든다지요.

좋은 삶을 위해
말없이 함께 걸어준 당신께 고마움과 영롱한 마음을 전합니다.

2023년 가을
전혜진

■ 차례

1부

택배로 온 심장과 탱고 · 19
발칙한 생각 · 22
지독한 평화의 끝 · 24
버티는 중입니다 · 26
파꽃 · 28
고급 요리 · 29
마네킹 · 30
참이슬 · 32
별똥별 · 33
못을 편 날 · 34
심장을 들고 서 있는 · 36
울트라마린 · 38
히말라야에서 나를 살해했다 · 40

2부

라면론論 · 45
황산의 짐꾼 · 46
나의 메리 · 48
머리를 자르고 · 50
풋사랑 · 51
누룽지 · 52
질문 있어요 · 53
보푸라기 · 54
장작들 · 55
돌싱의 계명誡命 · 56
부채 · 57
고양이와 보름달 · 58
수목장樹木葬 · 59

3부

뒷담화(花) · 63
어떤 데칼코마니 · 64
가을 고추장 · 66
수박 · 67
두껍아, 두껍아 헌 집 줄게 새집 다오 · 68
초대 · 70
아무 일 아니라는 듯 · 72
붉은 비닐봉지 · 73
동행 · 74
자판기 · 76
수세미 · 77
호박죽 · 78
침묵이 필요한 이유 · 79
흰 소 · 80

4부

마르셀 뒤샹 · 85
에로틱한 시 · 86
보리굴비 · 88
허그hug · 90
무말랭이 · 91
시점時點 · 92
반딧불이의 환생 · 94
QR코드 · 96
4월의 목련 · 98
독서 · 99
뱀 · 100
청림유치원 · 102
ASMR · 103
백자, 그 만족의 힘 · 104

■ 해설 | 문정영(시인) · 107

1부

택배로 온 심장과 탱고

도로 가져가
상자가 무거워서 택배 아저씨만 고생시킨 격이야

문 앞에 있는 것을 끌고 들어올 수도 없어서
복도에서 상자를 열었다

검은 빛깔의 심장
어쩌면 돌을 깎아 만든 것인지도 모른다

심장이 무겁다는 건 마음이 없다는 것이다
발이 무겁다는 것도 마음이 없다는 것이다

나는 춤과 정적을 좋아했다

아직 사랑의 스텝을 알지 못하고
몸을 가누지 못할 때
먼 곳에 시선을 두고 있던 내 눈을 무겁게 쓸어내렸다

나는 사랑인 줄 알았다
〈

나의 말랑한 왼편 가슴을 내주며 오른쪽으로 돌 때
넌 단단한 심장을 밀고 왼쪽으로 돌았다

나는 탱고를 추는 줄 알았다

서로의 가슴을 맞대어 심장으로 하트를 만드는 탱고 말이다
맞닿은 손바닥처럼 끈적하게 붙어 있는 사랑 말이다

가끔 스텝이 꼬이거나
먼 미래로 시선을 둘 때면 움켜쥔 손바닥을 당기는 힘에
화들짝 놀라 나는 나를 가두었다

그렇게 내 몸 바로 너머에서 점멸했고 언제나 문을 닫았다
당신의 훈방이 있기까지

어쩌면 콩콩 뒷걸음치며 까르르 웃는 아이의 모습을 보았을 때였다

뒷걸음질의 중요성!
〈

들린 발을 뒤로 보내며 그리는 선이 얼마나 아름다운 탱고가 되는지

붉게 휘감은 심장의 탱고와

침묵의 시를 쓰며, 매 순간

나를 석방하고 있다.

발칙한 생각

나, 발칙하게 썸을 탈 거야
동해같이 가슴이 푸른 남자를 만나
마음껏 외줄을 타는 거지

적당한 거리에서 바라보면
밀착은 집착과 한 쌍이거든

하루 중 여덟 시간은 붉은빛이어야 해
직접 빚은 만두를 건네듯 따듯해질 거야

사실 사랑은 지긋지긋한 늪이잖아
한 발 다가오면 한 발 물러나야 해

가끔은 동해를 향해 내달리는 거야
선루프 열고 두 손 번쩍 들어 올리는
플러팅은 내 몫이야

사랑에 길들고 싶지는 않아
긴 머리와 플레어스커트는 벗어버리고
싱싱한 가물치 같은 본성으로 펄떡일 거야

〈
그런 발칙한 생각에 고개 끄덕이며
용이 나타나도 꿈쩍하지 않는 남자를 만나
마지막 숨을 뱉는 노을 바라보며
밤늦도록 에스프레소를 마실 거야

도서관에서 괴변을 나열하는 로널드^{*}는 차 버리고
오늘 밤은
눈썹 짙은 그와 야릇한 썸을 타고 말 거야

어디선가 누군가에게 있을 법한 그런 일이
그저 궁금하고 부러웠던 나는

달밤에 체조하고, 발칙한 문장을 쓰며
설레는 새벽을 맞이할 거야.

* 로널드 : 종이 봉지 공주에 등장하는 왕자

지독한 평화의 끝

단단한 뿔을 가진 여자라 숲에 뿌리를 내렸어

순간 절뚝였다면 아이처럼 엉엉 울었을지 몰라

가끔은 타인의 생을 짓밟는 사람이 있지
영원이라 말을 남기고 슬며시
뒤로 이별은 끼워 넣는 사람
디에고!

당신의 부채는 부재로 동결되어서는 안 돼

심장을 관통한 부서짐과 으깨진 몸은
초현실이 아닌 현실에 있잖아
욕망을 사는 화폐의 앞과 뒤처럼 우리는
왜 같은 곳을 볼 수 없는 걸까

서로의 심장이 붉게 연결되어 있는데
선혈이 낭자해 놀랐다면, 미안!

그저 당신의 칼에 단지 몇 번 찔렸을 뿐이야

〈
발이 왜 필요해
이렇게 날 수 있는 날개가 있는데
그러니
그럼에도 불구하고
인생 만세, Viva La Vida.*

* Viva La Vida : 프리다 칼로의 그림에 쓰인 글

버티는 중입니다

넓어진 시간의 계단을 오른다
닥치는 대로 쓰고 걷다가
태양의 그림자를 쫓은 사진 한 장 올린다

멈춰버린 세상에는 꽃조차 향이 없다

할 수 있다면
전속력으로 달리는 사람들과 이야기하고 싶다

그저 서 있는 나에게 작은 절터의 접시꽃은
무어라 말하려는지

어디서 감히 꽃 피는 소릴 하고 있느냐고

오전에서 오후로 가는 제법 그럴듯한 하루를 위해

함부로 달려든 숨 막히는 공기 속에서
쪼그리고 앉아 바람을 쇼으며
버티는 중이라고
〈

평온의 통증 사이의 경계에서 외줄을 타는 난
아직 피지 못해

버티는 중이라고.

파꽃

하늘을 머리에 이고
기도 끝에 비운 청록

곰삭은 진액 담아 꼿꼿이 선 대롱 위로
꽃이 피었다

둥글게 피어나 소소하게 모여 앉은 작은 생명은

청록의 영혼 새긴
검은 씨앗을 만들고 있다

태양 이글거리는 날

희망을 품고 쓰러진 대지 위로
떨어진 검은 씨앗들

깊은 향으로 오겠다고

흙바닥에 편지를 쓴다.

고급 요리

바다에 던져진다

습관처럼 몸을 세차게 흔들지만
지느러미가 잘려 물살을 가르지 못하는 몸

처연하게 번지는 붉은 수장水葬

철갑상어, 익사 중이다.

마네킹

화려한 도시의 한복판은 표정이 필요 없다

가늘고 긴 몸매
계절을 앞서는 멋스런 패션으로 충분하다

세상이 숫자로 나뉜다는 믿음으로
무리에 끼어든 사람들

붙어 있는 숫자가 커질수록 떨리는 악수

네가 나인 듯
착각으로 집어 든 날개옷이다

거울에 비친 뒤태의 들뜬 표정

눈을 떠도 보지 못하는 혼돈의 시간 앞에서
통장 잔액 숫자들은 잊어라

너의 세상이 상승할 것이니
〈

지갑을 열어 만족을 얻게 하는
심장 없는 저 맨몸들.

참이슬

초록의 알싸한 향이 생겨났다

맑은 너를 품고서

언 가슴에

불화살을 당긴 적이 있다

지구의 반대편까지 휘청이다가

나를 중심으로 팽그르르 도는

막강한 세상을 만났다

초록, 강력한 힘이 발휘되는 순간이었다.

별똥별

밤하늘에 박혀 있던
꽃잎이 떨어지는 것을 보았다

끝없는 하늘을 떠돌다가
누군가의 기도에 그대로 몸을 던진 것이다

푸른 가슴에 남아 있는 꽃잎은
할머니의 정화수이고
소녀의 꿈이며
당신의 사랑이거늘

당신의 꽃이 되고 싶은 나는

아직도 붉어지지 못하고
서성거리고 있다.

못을 편 날

직각을 견딘 못의 등이 슬프다

한때는 늙은 아비의 고단함과
땀 밴 어미의 시름을 널었을 은빛 사명들

뾰족한 발끝이 파고든 하루가 척박해
시인의 제비*가 앉을 둥지조차 하향 곡선을 그린다

작은 평수의 희망이 긴 선을 그으며 떨어질 때
감당했던 무게만큼 부식된 붉은 눈물

벽을 허무는 그들만의 향연은 변명이다

비명을 부른 소리에 울음이 맺힐 때
물린 벽에서 뱉어진 못대가리가 하늘을 향해
가파르게 눕는다

긴 시간 몸을 박고 이겨낸 노동이 아니던가!

다시 파고들 한 뼘의 세상 향해

발끝의 날을 세우는 구부정한 통증들

못을 펴는 내 팔이 징징 울린다.

* 시인의 제비 : 나희덕의 「못 위의 잠」에서

심장을 들고 서 있는

당신,
열매 없는 자신을 보는 고통에서
해방되고 싶나 봐요
뜨거운 심장이 두 손에 들려 있네요

벌어진 가슴에서 쏟아낸 알갱이들은
이미 별이 되어 빛바랜 지 오래
남은 것은 두근거림뿐이군요

구석을 따듯하게 살피던 당신의 저녁처럼
일 분에 팔십 번을 움직이는 좌심방 우심방
한때는 사랑으로 뻐근해서
이별의 상처를 얻었다지만
보아요,
지금도 펄떡이잖아요

중요한 것은 눈에 보이지 않는다고
밀밭 앞에서 여우가 말했듯
깊이 박힌 보석 같은 꽃을
당신이 아직 보지 못한 것뿐이에요

〈
해방은 마음의 관할이지요
살아 있다는 것이 얼마나 아름다운 것인지
완벽한 12시가 되면 심장도 달콤하다는 것을
그때는
그때는 알게 될 거예요.

울트라마린*

청금석을 갈아
파랗게 심장을 물들이고 싶어

척추동물의 심장은 왜 다 붉을까?

바다처럼 하늘처럼 호수처럼
내가 좋아하는 것은 다 푸른데

내 사랑은 붉다

붉은 입술이 쏟아낸 핏빛 말들

붉은 잉크로 쓰인 죽음의 문장들

원시 동굴 안에 그려진 붉은 그림 앞에서
핏덩이에게 물린 여인의 젖도 붉어
붉은 울음을 우는데

아! 붉은 상처를 푸르게 물들이고 싶어
〈

청명한 밤하늘, 그 빛을 내는 청금석을 찾아
고귀한 심장으로 물들일 거야.

* 울트라마린 : '바다를 건넌다'라는 어원에서 만들어짐

히말라야에서 나를 살해했다

하늘이 먼저 내려오고
산은 찌를 듯 서 있다

시지프스의 바위를 굴릴 때도
눈처럼
풀처럼
별처럼

하얀 세상의 심장을 더듬으며 오르는
조심스런 걸음으로
나는 순수해지고 싶다

나는 사라져가는 의식을 잡으며
가늘고 긴 길을 만든다

입안에서 눈물 하나가 저절로 녹는다

방전된 넋을 붙드는 건
인연으로 묶인 로프뿐이다
〈

낡은 나를 지우려
눈보라는 죽비를 내리치고

날숨에 주렁주렁 달린 집착이 그대로 언다

하얀 구름이 눈에 맞닿아 있는 곳에
나는 뒷모습을 내려놓는다

거기 설산에 나의 백 년을 숨겨둔다

몇백 년 후 나의 죽음이
눈 위에 보도될 것이다.

2부

라면론論

끓는 물에 3분이면
넉넉해지는 마음이야
허기에 집어 들고
속 채우면 밀어내는 맛이었나 봐
청춘의 정수 뽑은 수프
단물 짠물 내어 감칠맛으로 맞춘 120g
자주 먹으면 질리는 맛이라고
손쉽게, 다양하게 변주하며
색다른 만족을 향해 가자 했잖아

빈 가슴에 부은 한 컵의 미련은
끓을 생각도 않는데

붉은 봉지 속 들어앉은 노란 면이
매웠던 사랑을 한 우리였는지
당신일지
아니면, 딱딱하게 굳어진 지금의 나인지.

황산의 짐꾼

아득한 산 계단에서 나는 극간의 노동과 마주했습니다

폄훼할 수 없는 격차는 황산의 높이가 되었을진대

남자의 마른 어깨로 무겁게 휘어진 중력의 당김을 얼마나 버틸 수 있을까요

작은 체구의 남자는 가파른 시간을 오르며 형벌 같은 무게를 옮기고

나는 남자보다 크고 무거운 짐들을 보며
그의 삶이 아찔한 허공 같다고 생각했습니다

천 길 낭떠러지 계단 끝에서 구겨진 얼굴로 짐을 내린 남자가 땀을 닦고

소금꽃 핀 주머니에서 낡은 사진을 꺼내 보더군요

그때 알았습니다
〈

이십만 번의 잔걸음으로 가족의 둥지를 지키고
이십만 번의 밭은 숨으로 식구의 입속에 밥을 넣어주는 사람이란 걸

파인 어깨 위에 올려진 흰 수건 한 장으로
휘어진 아픔을 견디는 가장의 무게가 남자를 버티게 했다는 걸

뱉어낸 마른침이 수직으로 떨어질 수밖에 없는 기울어진 자세로
몸속에 한 방울 남아 있는 진액을 짜내며 발을 떼지만

주머니 속 아이의 웃음은 땀에 젖은
마른 남자를 연꽃으로 피어나게 했습니다

천 길 낭떠러지 같은 인생에 뿌리내리며
잔걸음으로 또 한 발을 떼는 짐꾼의 긴 그림자를

나는 웃음도 울음도 아닌 얼굴로 한참을 보았습니다.

나의 메리

날리는 벚꽃 잎 눈물 주워
손바닥 위에 놓아봅니다

언제부턴가 이야기 길에서
당신의 사랑이 되었습니다

등이 곧은 뒷모습을 보다 눈이 마주치면
긴 속눈썹
기다림으로 정화된 향내 나는 나무였습니다

봄의 달콤함
대지 위에 피어나는 열기에도
팔 할의 시간은 당신 것이기에
물드는 나뭇잎에 찬사를 보냈습니다

시간의 마디가 힘없이 꺾인 날

촉촉한 눈빛 사라져도
나, 볼 수 있기에 날리는 꽃비 속에서
남은 한 줌의 숨 당신께 드리는

〈
나는
아직 당신의 애인입니다.

머리를 자르고

매캐한 화약 냄새가 세상을 뒤엎었다

화석이 된 두려움은 올가미가 되어 사냥감을 묶었다

약한 곳을 옥죌수록 길어진 촉수 같은 머리카락
끝내, 제 생을 마비시킬 것 같아
거울 앞에 여자는 스스로 묶은 올가미를 내려놓았다

사냥꾼이 되겠어

삐죽이는 말에 수분을 뿌리며 응축된 집착쯤은 재로 날린다

사냥꾼, 가벼워진 머리를 든다

푸르러진 숨이다

짧은 머리를 쓸어 올리며 작살을 든 여자, 문을 연다

낯선 움직임에 잘린
어제와 다른 시작이다.

풋사랑

그대에게 닿길 바라네

마음의 줄에 이어진 몸을 맡기었네

중력을 거스르며 솟아오른 풍선처럼

가벼이 날아가던 그날

끝내 전하지 못했던

좋아한다는 그 말

날아가 버리고

터져 버리는

풍선의 속성 같은 풋사랑

설레던 저녁이 하늘을 가리네.

누룽지

가장 낮은 곳에서 뭉쳐진

뭉근히 절제하는 힘의 결과물이다

눌어붙은 향미가 밥의 기도문이다.

질문 있어요

낮게
자리한
좁은 골목
덜컹대는 창을 향해
젖과 꿀이 흐르는 축복을
내린다는 말씀과 믿음의 기도
당신은 가난한 이들을 깊이 사랑하고
미천한 우리를 대신해 수난당하셨는데

이름이 거룩히 빛나시고 일용할 양식을 주시는 당신

대대로 내려온 기회와 안락한 보금자리가
오로지 탄생한 곳에 의해 정해진다면
카이로스*를 잡기 위해 손을 뻗는
빨갛게 충혈된 눈들과
지쳐 쓰러지는
낮은 이의
절규를

당신, 보셨나요?

* 카이로스 : 기회의 신

보푸라기

잘살고 있는 모습을 기억하라고
고운 옷 사 입고 어머니를 만난 날

어머니는 손님을 맞듯 곱게
진달래 빛 스웨터를 꺼내 입으셨다

몇 년 전 사드린 꽃잎 닮은 스웨터에는
인연으로 맺힌 눈물이
살면서 얻은 상처의 딱지가
둥글게 뭉쳐 있다

세상과 부딪히며 솟아오른 흔적들

팔꿈치, 아랫배에 쓸려 일어난 큰 통증을 떼어내며
다시는 피지 못할 분홍에

그 야속한 색깔에
눈을 흘긴다.

장작들

서달산* 작은 절 뒤뜰에서
가부좌 틀고 있다

제 몸의 불온한 것들
모두 비워낸 마른나무들

가로 세로로 쌓여
부처를 닮은 반쪽의 얼굴로
고요 속에 낮아지고 있다

얼기설기
빈틈 두고 서로 기대며
불꽃으로 다시 살아나는 모서리들

저렇게 가벼워져야
진신 사리 하나쯤
꿈꿀 수 있는
다비의 불꽃이 된다.

* 서달산 : 현충원을 에워싸고 있는 산줄기.

돌싱의 계명誡命

엘리베이터에 붙여진 스티커에

어린 철학자가 적어 놓은 아포리즘

주의 (여자에게) 손대지 마시오
주의 (남자에게) 기대면 추락

날갯죽지에 힘이 실리는 슬픈 에로티시즘.

부채

위로 아래로 접은
걸음마다
한 치의 오차도 없지

풍랑을 함께한 부챗살 같은 인연
사북을 향해 곧게 내리는 꼿꼿한 생이여야 해

흩어져 형체가 없다가
뭉쳐서 다시 일어나는 바람

무심을 식히거나
황홀한 불꽃으로 피어나는 마술이야

점점 뜨거워지는 여름
리드미컬한 미술사의 손을 봐
한 줌의 바람으로 식혀질 수 있다면

까무룩 잠든 아이의 젖은 이마를 쓸어내리는

신의 손가락같이 접히는
저 한여름의 부채!

고양이와 보름달

달빛 내리면
창가에 앉아 금빛 무늬를 새긴다

당신의 신발과
당신의 책과
온기 남은 당신의 의자까지 사랑했던 나는

당신의 내가 아니다

그윽한 울음으로 빳빳한 수염을 빗고
복잡한 시간을 핥으며
허공을 가르는 걸음이 남긴 분홍의 발자국은
어제처럼 멀어진다

달빛 스미는 금빛 눈동자

고양이, 달의 무늬가 되었다.

수목장 樹木葬

자작나무 뿌리 아래 생을 누이고

백만 번을 살고 백만 번을 죽었던

윤회를 묻는다

빛나는 젊음과 순수한 사랑을 기억하는 심장

작은 생명들과 하나 되는 신비를 깨닫는 경이로움

꽃상여처럼

붉고 노란 꽃잎, 숲을 수놓는다.

3부

뒷담화(花)

덥석 물고 간 씨앗
여기저기 흩뿌리고

이 말 저 말 섞여 뒤엉킨 덩쿨

이른 아침 부푼 꽃대 위로
활짝 핀 나팔꽃

삽시간
온 동네 담장마다 활짝 핀 담화

꽃송이 꺾어
슬쩍, 놓아두는 붉은 입술

그 입에 찔려 멍든 가슴이 떨어졌다.

어떤 데칼코마니

손목 가득 그어진 아픔이야
붉게 맺힌 절망의 이빨 자국이지

나를 봐요!!

칼은 소리로 직선만을 긋고
손목을 가린 너는 창밖을 보며 말했어

그 순간만은 숨이 쉬어져요

아픔을 나눈 그날, 저녁
바람이 부는 창밖엔 노을이 내렸지

너는 옷소매로 상처를 가리고
이미 상처를 본 내 손목에도 같은 무늬가 새겨지더라

가벼운 웃음이 좋아

어쩌면 차곡차곡 쌓인 외로움의 무늬가 문제였을지도 몰라
〈

짙어진 하늘을 한 움큼 퍼 넣고
꾸욱 짜내어 한 사발 마시게 했으면

노을빛 사탕 하나 너의 입에 물리고
붉게 긁힌 고랑에 꽃씨를 심자 말했잖아

또 잠깐의 웃음이야

우리는 같은 마음이었을 거야

아픈 게 다 나은 것만 같은, 그런 저녁.

가을 고추장

맛있어져라
맛있어져라, 주문을 읊조리며
붉고 둥근 무늬를 만든다

매만져 뭉친 응어리가 스르르 풀릴 때
한 줌의 소금으로 촘촘히 마음 다잡는다

알싸한 소주도
화룡점정 사과청도
매콤했던 사랑, 파문으로 남긴 한때의 풋내도
가을과 하나 될 때까지 둥글게,
둥글게 매만진다

빳빳했던 오기는 숨죽였고 붉은 기억은 사라졌다

가슴을 찔러보니 손가락 얼얼하게 묻은 매콤한 고추장

더 깊어지라고 꾹꾹 눌러 붉은 연서를 쓴다

10월, 첫 장을 담그며 그날의 열정 쓴다.

수박

당연하다는 말이 그어져 있다

그럴 수밖에,

절대로,

뻔하잖아

그러나
끝내 초록 속 한여름 열기를 포기하지 않은
반전!

그 젊음의 욕망.

두껍아, 두껍아 헌 집 줄게 새집 다오

아이는 비 온 뒤 물먹은 모래를 욕심껏 뭉친다
까칠한 모래알 세상에도
사금파리 사랑이 손바닥에 붙는다

서걱이던 하루를 보낸 아이는
시간의 부스러기를 쥐었다가 길게 손을 뻗는다

또 다른 손으로 토닥토닥
마음 끝까지 토닥이며

두껍아, 두껍아 헌 집 줄게 새집 다오

끌어안은 몸으로 둥글게 만든 집이 나란히 줄을 설 때면
바람결에 묻어오는 엄마 냄새를 찾는다

먹장구름은 아이의 그림자를 덮는데

엄마는 어디쯤 오고 있을까

모래 깊숙이 넣은 손바닥에 온기가 전해지고

엄마와 함께할 새집으로 몸을 밀어 넣는 아이

어린 날, 엄마의 입김으로 데워진 그 집.

초대

죽기 전에 좋은 詩를 만나고 싶어
짐 싸 들고 도서관으로 향한다

한밤중에 날 깨워놓고
사라진 단어들

밖은 초록 바람이 부는데
노랗게 핀 얼굴, 피 말리며 애를 태운다

찾다가
불러보아도 기척이 없다

생각을 멈춰보기도
생각에 빠져보기도
생각으로부터 멀리 달아나기도 했지만

오라는 詩는 안 오고
잡념만 들끓는다
〈

詩는 순결한 마음에만 잠시 찾아오는 손님이란 걸 순간순간 잊는다.

아무 일 아니라는 듯

뒤뜰 오래된 나무 한 그루

아무 일 아니라는 듯 무성했던 잎을 내린다

땅에 뿌리를 묻은 뭇 생명들이 가뿐하게 발밑으로

몸을 낮추는 늦은 가을

저절로 익은 것들은 떨어져

또 다른 생의 예감을 키운다

나도 저리 익어 바닥으로 내려갈 용기가 있는지

환하게 켜진 계절의 모퉁이에서 아무 일 아니라는 듯

뚝뚝 떨어지는, 아프지 않은 윤회의 근원을 본다.

붉은 비닐봉지

막걸리를 내어주고

시큼 텁텁한 술기운만 남겼다

붉게 익은 마음

수줍어 못했던 고백을 펄럭이며

해 보련다.

동행

남빛 먼 바다 너울을 타고
구멍 난 조각들이 밀려 왔습니다

포말 같은 인연들
젊음의 만용을 부리던 미숙한 시간들

과거는 흑백사진의 뒷장처럼 남겨졌습니다

밤에서 달아난다고 낮에 도달할 수 없다고
한걸음
한걸음
나의 현실이 되어 있는 푸른 빛

너무 가까이에 있는 것은 당신을 잃는다는 것

파도의 간격처럼
그리움의 간격으로
무엇도 강요하지 않았습니다

숨을 내쉴 때마다 어깨를 들썩이며

철썩, 철썩 불러준 노래에

바다 깊이 흐르던 나는
문득, 붉은 해당화로 피었습니다.

자판기

목마른 자 내게 오시오

쓰이지 않은 욕망이 그늘에 갇혀 있는 곳

땀에 젖은 지폐를 입술로 받아

한때의 두근거림을 감로수로 길들이는 곳

붉은빛 한쪽에서 가슴 열고 서 있는 神.

수세미

바구니 속 실타래가 초록 잎 붉은 꽃으로
새 생명을 얻었다

묵혀 있던 붉은 향기로
후줄근한 어제를 박박 문지르자
거품 없이도 잘 닦였다

온전한 사랑 없이 어찌 닦을 수 있을까

눌어붙은 체증의 밥알이
붉게 멍든 김칫국물이 말끔하게 사라지는 것처럼

네가 나를 닦고
내가 너를 닦았구나

한 땀, 한 땀 서로를 껴안아 준 힘으로
뽀드득 맑아지고
뽀드득 투명해진다.

호박죽

껍질 벗겨 마주한 원형의 세계가 끓고 있다

비바람 견디며 비워낸 가슴
노을 닮은 속살이다

사리로 남은 인연의 끈을
빈속으로 깨끗이 긁어내고 아파하던 날

어떤 결과에도 미련 두지 말라고
뚜걱뚜걱 조각난 오늘을 살라고
은은하게 달래주는 늙은 호박의 전언

노을빛 바다에 박힌 새알심 품은 여유의 맛인가

시련을 견딘 시간의 맛인가

미련 많아 속앓이 한 여인의 상처를
슬며시 덮어준다.

침묵이 필요한 이유

아침과 저녁 사이, 일과 쉼 사이

질문들을 침묵의 체에 올리면

걸러진 말의 알갱이가 생긴다

침묵은 껍데기가 아니다

진실만을 쓸어 담는다

밤은 침묵 속에서 깊어간다.

흰 소*

운명과 격투하려는 남자가 있다
그는 소가 되어 격투장에 오른다

심장이 터질 듯 쿵쾅대는 소, 생사가 걸린 싸움이다
상대는 호시탐탐 반칙의 기법으로 뿔을 다듬고 있다

오랜 훈련으로 단련된 소의 근육
스스로 투지를 일으키는 생명력

코를 벌름이는, 뜨거운 콧김

웅대한 울음이 짙다

굴레를 거부한
자유로운 황소가 땅을 차며 뛰기 시작한다

힘찬 붓의 골기骨氣는
모든 감각으로 살아나 색으로, 선으로 남는데

한쪽 눈을 감춘 소의 거친 숨소리에

붓을 든 남자는 선 채로 얼어붙었다.

* 이중섭의 작품 '흰 소'에서 따옴

4부

마르셀 뒤샹

한쪽 손을 턱에 괴고
로댕의 조각상처럼 앉아 있었을 것이다

원초적인 공간에서
무념무상의 시간을 갖는 생각의 샘이다

어제가 고스란히
선택의 결과가 거짓 없이
휘리릭
소용돌이치며 내려가는
어제가 오늘로 확인되는 시간이다.

에로틱한 시

에로틱한 시를 쓰라는데
…… 내 안에 그게 없다

뜨거운 밀착, 꺾인 목의 각도, 황금빛 입맞춤

온갖 에로틱을 대변하는 미술품을
보고 또 보아도 간수 빠진 소금처럼 바삭하다

한 번의 뜨거움과 이별은 수분이 사라지게 할 수 있다

스스로를 태울 각오로 덤비는 사랑이어야 한다
아무리 파멸로 이끌어도 좋다는 사랑이어야 한다

나는 아무도 없는 심야 사거리에서 별을 찾는다

첫 키스의 황홀을 떠올리려 애를 쓰다가
쥐고 있던 한 줌 머리카락을 놓으며

…… 껍데기를 쓴다
〈

시인이 황홀한 시간보다도 더 맥없는 시간이 어디 있느냐.*

* 김수영 「광야」에서 따옴

보리굴비
-친구 정선이의 완쾌를 기념하며

옥색 접시 위
살점 발라 가지런히 놓인 보리굴비 한 마리

바닷바람에 맞선 당당함이
통보리 항아리 속에서
묵언수행 하며 야물어졌다

쌀뜨물에 불리고
쪄내면
포말 같던 한때의 시간들이
비늘 밖으로 밀려 나와
황금빛 고운 자태를 만들었다

딱딱하지도 물렁하지도 않은 너와의 인연은
물러서지 않고
운명에 맞선 시간의 결과물이다

삭힌 바다 냄새 품은 보리굴비는
병마와 싸우고
승전보를 올린 너의 전리품이다

〈
녹차 물 위에 너의 웃음이 번질 때
짧은 머리 환한 미소가 둥글게 퍼진다.

허그 hug

품을 내어주는 일이
어디 쉬운 일인가

체온을 나누어 요동치는 천둥 재우고
쩌억 갈라진 마음 적시고
설움 걸러 눈물 되는 일 아니던가!

심장과 심장을 포개어 따듯해지면
천만년 된 광물처럼 굳어진 마음도
고운 흙 되는 일 아니던가!

믿음은 가슴으로 확인하는 것

품을 내어준다는 것은
대지가 풀씨에 가슴을 열듯
우주를 품는 마음이 있어야 한다.

무말랭이

햇살이 다가온다

숨 막히는 기다림이다

마법에 걸린 듯 움직일 수 없다

온몸을 맡기며

시나브로, 정신을 모으고 잡념을 버린다

무, 환골탈태 중이다

그렇게 당신이 내게 왔다.

시점時點

사막처럼 긴 시간
모래바람 속을 내디디며
긴 속눈썹 사이로 멀리 달아난 별을 본다

밤은 침묵으로 일관하며
마른 바람과 손잡고 과거를 지우는데
불룩하게 솟은 자아만이
옛 비석처럼 지난날을 확인시킨다

등에 별이 있었다는 늙어버린 기억이 스친다

나는
사막을 삼키고 긴 혀로
별이 촘촘한 오아시스를 들이킨다
이내
작은 물방울이 뿜어져 숨을 불어 넣는다

모래바람이 지나고
물결무늬 모래무덤을 보며
가만, 생각한다

〈
아름답거나
향기롭거나
사랑스럽거나
부드러운 것이 사라져도 별을 보고
시와 열애하자고

부푼 등을 다독이며

가만, 가만히.

반딧불이의 환생

마른 시간이 만든 어제를 뒤로 하고
맹그로브를 찾은 날

생명의 온기를 빛으로 바꾼 반딧불이가
가볍게
가볍게 손끝에 앉는다

세상을 밝히는 태양도 아니건만
별처럼 빛을 내는 여린 생명들이
말갛게 비워야
청정한 호수의 별이 된다고 쉼 없이 깜박이는데

작은 배 위에서
인위적인 손전등 불빛으로 유혹하는 탐욕 위로
빛을 뿜으며 다가오는 순박한 맑음

그 처절한 비움에 참회의 눈물을 쏟는다

어둠이 깊어 빛이 선명한 밤
〈

비로소, 비우지 못한 가슴을 열어
별빛 가득한 수면 위에 나를 풀어놓는다

가슴에서 가는 빛줄기가 새어 나온다.

QR코드

더 이상 나를 부르지 않아도 돼

각진 세상에
선으로, 점으로 구별된 무늬를 새기는 거야

세포와 그 속의 DNA까지 그려진 지도라고 할까

하지만 밤을 구겨놓고 간 너의 영롱한 아침은 보이지 않았어

나는 물 머금은 꽃잎의 기도와
바람의 노래를 새길 수 있다면 좋겠어

부적 같은 무늬에 내 갈비뼈 하나를 떼어 넣었지

나는 그 속에 사랑과 진실한
믿음의 씨앗을 심을 수 있다면 좋겠어

무늬로 새긴다는 것은 책임진다는 것

나는 나를 책임지고 싶었나 봐

〈

날 부르는 소리를 들었어
그래서 대답했지

핸드폰을 열어 찰칵 찍어봐

찰나에
7089의 값과 4296의 자기소개서가 확인되는 순간을 마주할 거야!

4월의 목련

절망의 톱날이 함부로 자른 줄기

탐욕에 오그라든 가지
슬픈 육신으로
골목 끝 텅 빈 동네를
나무는 지키고 있다

보고 싶거든 그리움이 있는 곳으로 오라는
말을 품고
그 자리에서 꼼짝 않고 겨울을 지나왔다

봄밤
나무가 조금씩 움직인다

멈추지 않는 진동

뭉뚝한 줄기 사이 가늘게 뻗은 가지 끝에서
봉긋한 향기

생명의 등불을 켜고
목련, 꽃을 피웠다

당신이 피었다.

독서

페이지와 페이지의 간극에는
보이지 않는 이야기가 숨어 있다

180도 획이 만든 공간에 복선으로 누운 비밀들

나는 보물을 찾는 설렘으로
옛 시간의 걸음걸이를 세워 넘긴다

문장 속에서
알이 부화한 흔적을 발견하고
생명의 날갯짓 소리를 들으며
바다를 지나고, 사막을 건넌다

찾아낸 작은 차이는 사랑을 부르는 시그널이다

날개를 편 새 한 마리, 물음 하나로
내 안에 둥지를 튼다

그지없이 총총해진 물아일체의 순간이다.

뱀

티비 속 남자가 뱀을 들고 있다
남자는 거실 소파에 앉아 기다란 욕망의
입꼬리를 올린다

풀숲에 있어야 할 것이
목덜미 잡힌 채 활기가 없다

치명적인 독마저 잃고
갈라진 붉은 혀를 습관처럼 날름거리지만
공포와 매혹은 이미 사라졌다

퇴화한 사지
깜박이지 않는 눈
전언하지 않는 뱀
나는 유혹에 속아 올무에 걸린 뱀을 말한다

뱀처럼 원초적인 생명력을 잃어버린 인간
땅과 그 아래를 오가며 바삐 움직인다
마취제처럼 무디어진 시간이 쌓이고
허물 벗은 욕망은 몸집을 키워 목을 조인다

〈
유연한 생각
문장의 미각
둥글게 품던 똬리가 사라진 사람들
나는 이기심에 자신을 버린 사람을 말한다

내가 남자 손에 들려진 뱀과 닮았다고 생각할 때

느닷없는 진동이다

소리 없이 턱을 주억거리며 연동 작용을 시작한 뱀이
꽃비늘 반짝이며 찔레꽃 사이로 미끄러지듯
…….
사라지고 있다

노을 지는 쪽으로 돌아누운 몸
흔들리는 침대 밑에는 색 잃은 허물이 수북하다.

청림유치원

새 얼굴로 맞이하는 푸른 날

함께 모여 팔을 올린 즐거운 어깨동무

첫걸음 내딛는 너에게 보내는 박수와
다독이며 만든 이야기

헤어지기 아쉬워 서로를 안고
밤하늘에 달과 별을 총총 매달면

인형들은 기뻐 춤추고
우리는 신나는 음악대가 된다

일등이 아니어도 박수받는 이곳은
어린이가 사는 브레멘이다.

ASMR

먹빛의 공간이다, 불면이다

여덟 시간의 인위적인 어둠이 내린다

수직 낙하의 시작
달리는 멧돼지 떼 같은 빗줄기다

모두가 젖어 돌아간 길 위에 서 있는 나는
아직 젖지 못한 이단아다

꾸덕해진 상처 위로 빗소리가 내리꽂힌다

끝내 형체를 감춘 비에도
꽁꽁 여민 자아의 옷고름이 젖어든다

쉼 없이 의식을 밀어내는 읊조림
마법의 주문에 의식이 녹아 흐른다

쪽진 잠을 풀고 잠에 취한 어느 밤이다.

백자, 그 만족의 힘

말하지 않았다

쓸모 있는 삶을
불완전한 표면의 흠을
유약 머금어 변형된 색을
이상에서 벗어난 윤곽을

특별한 존재를 너는 요구하지 않았다

백자, 한 점에 암호처럼 스민 가치
겸손한 빛과 모양새였다

오만이 습관처럼 쌓인 세상에
자연에 순응하고 조화하는 태도로 드러난 아름다움

지구는 이미 기울기가 불균형인데
타인의 오점에도 너그러울 수 있다면
저 백자처럼
가난한 행복을 그릴 수 있을 것이다
〈

도와 세속이 하나 되는 세상을 꿈꾸는

존재만으로 빛나는 만족이다.

■□ 해설

발칙하지 않은 발칙한 생각 들여다보기

문정영(시인)

시는 편 편마다 꽃이다.
시인이 뿌린 씨앗이 피워낸 시의 꽃들이다.
그 시들이 모여 시집이라는 꽃밭을 이룬다.

 씨앗이 가진 개성과 성질에 의해 붉은 꽃이 되거나 더 샛노란 꽃으로 피어난다. 씨앗이 꽃으로 피기 위해서는 거센 바람, 뜨거운 햇살을 만나고 코로나19를 만나고 4차 혁명을 만나고 지구의 온난화를 만나고 사랑과 이별을 만난다.
 시는 시인의 체험이 바탕이 된다. 시인이 자라온 환경이나 사회에서 겪은 새로운 경험이 시인의 정서를 이룬다. 그 정서를 바탕으로 시인의 상상력이 행간의 폭을 넓힌다. 익숙한 것보다 좀 더 자신만의 개성이나 대상을 낯설게 바라볼 수 있는 시선이 시의 색깔을 정한다.

 시를 왜 쓰는가? 시인은 시를 쓰지 않으면 불안한 존재이다. '타는 목마름'으로 문장을 탈고한다. 시는 통찰의 힘으로 쓴다. 그리하여 시인은 더 깊어지고 배려할 줄 아는 존재가 된다. 결국 시는 시인 자신을 위하여 쓴다. 시를 쓰면서 아픔이 치유되고 마음이 정화된다. 독자는 그런 아픔을 읽으면서 스스로 치유한다. 세상에서 나만 이리 힘들고 서러운지 알았는데, 같은 아픔을 가진 것에 대한 동질감이 생긴다.
 공감이다. 복잡한 현대사회에서 공감 능력은 인간관계를 따듯하게 한다. 이 시집을 통하여 시인과 독자가 서로 공감한다면 맑은 기운들이 서로의 마음속으로 흐를 것이다.

 전혜진 시인이 가진 품성은 어떤 씨앗을 품고 있을까. 겉으로 드러난 따뜻한 성품과 안으로 삭혀온 강인함이 혼재하는 것은 아닐까. 시 한 편 한 편을 읽으면서 시인의 생각들을 찾을 수 있을 것이다. 그런 호기심과 긴장감이 시를 읽게 한다.

시인의 말에서 그런 조그마한 실마리를 발견할 수 있을 것이다. "지나간 날과 지나는 날 사이/ 답을 찾지 못할 때마다 발칙한 생각을 했습니다.// 생각은 시가 되고/ 시는 길이 되고/ 지금 길을 걷습니다.// 좋은 시는 좋은 삶을 만든다지요.// 좋은 삶을 위해/ 말없이 함께 걸어준 당신께 고마움과 영롱한 마음을 전합니다." 독자는 "발칙한 생각"과 "고마움과 영롱한 마음" 사이를 차분하게 걸어갈 수 있을 것이다.

전혜진 시인의 이번 시집을 네 가지의 시선으로 읽었다. 첫째 사랑, 그 부재의 흔적들. 둘째 통찰과 반성과 사유의 깊이. 셋째 자연(동물)의 생명력을 통해 바라본 건강한 삶의 인식. 넷째 대상을 통한 자아 찾기.

작품을 통하여 독자와 함께 그 안으로 한 발짝씩 들여다보며 공감해 보자.

1. 사랑, 그 부재의 흔적들

시인의 시집 제목이 『발칙한 생각』이다. 시인은 아마 어렸을 때부터 모범생이었을지도 모른다. 그래서 일탈에 대한 두려움도 있었을 것이며, 새로운 모험에 도전해볼 기회가 없었을 수도 있다. 그래서 시인은 시에서 그 일탈을 꿈꾼다, 하지만 그 일탈은 늘 탈출할 문을 열어두고 있다. 표제시를 곰곰이 읽어보자.

나, 발칙하게 썸을 탈 거야
동해같이 가슴이 푸른 남자를 만나
마음껏 외줄을 타는 거지

적당한 거리에서 바라보면
밀착은 집착과 한 쌍이거든

하루 중 여덟 시간은 붉은빛이어야 해
직접 빚은 만두를 건네듯 따듯해질 거야

사실 사랑은 지긋지긋한 늪이잖아
한 발 다가오면 한 발 물러나야 해

가끔은 동해를 향해 내달리는 거야
선루프 열고 두 손 번쩍 들어 올리는
플러팅은 내 몫이야

〈

사랑에 길들고 싶지는 않아

긴 머리와 플레어스커트는 벗어버리고

싱싱한 가물치 같은 본성으로 펄떡일 거야

그런 발칙한 생각에 고개 끄덕이며

용이 나타나도 꿈쩍하지 않는 남자를 만나

마지막 숨을 뱉는 노을 바라보며

밤늦도록 에스프레소를 마실 거야

도서관에서 괴변을 나열하는 로널드는 차 버리고

오늘 밤은

눈썹 짙은 그와 야릇한 썸을 타고 말 거야

어디선가 누군가에게 있을 법한 그런 일이

그저 궁금하고 부러웠던 나는

달밤에 체조하고, 발칙한 문장을 쓰며

설레는 새벽을 맞이할 거야.

                               - 「발칙한 생각」 전문

시인은 발칙하지 않은 성정으로 발칙한 상상을 한다. 그러나 실행을 옮길 수 없는 "하루 중 여덟 시간은 붉은빛", 그건 시인이 세상을 바라본 온순함의 반어적인 표현이다. 그런 작품들이 몇 편 더 있다. 「지독한 평화의 끝」「버티는 중입니다」「택배로 온 심장과 탱고」「풋사랑」「돌싱의 계절」「어떤 테칼코마니」「에로틱한 시」「허그」「무말랭이」「4월의 목련」 등이다. 조금씩 차이는 있지만, 시인의 의식 세계가 "발칙한 생각"에 가까워지려 한다.

　실행에 옮기지 못한 생각은 가끔 '부재'의 흔적으로 남는다. 한 편의 에로틱한 영화를 보거나 성인 소설에서 대리만족으로 끝나는 경우도 있다. 그래서 시인은 사랑의 부재의 흔적을 시에 남긴 것이다. 그것이 허무와 연계된다 하여도 한 번은 꿈꾸어 보고 싶은 것이다.

　"당신의 부채는 부재로 동결되어서는 안 돼" "그저 당신의 칼에 단지 몇 번 찔렸을 뿐이야"

　"발이 왜 필요해/ 이렇게 날 수 있는 날개가 있는데"(「지독한 평화의 끝」 부분)에서 보듯 시인은 현실에서 벗어나고 싶은 '날개'를 갖고 싶어 한다. 그것은 "평온의 통증 사이의 경계에서 외줄을 타는 난/ 아직 피지 못해// 버티는 중이라고."(「버티는 중입니다」 부분)에서 시인은 조금 더 여실하게 드러난다. "아직 사랑의 스텝을 알지 못하고/ 몸을 가누지 못할 때/ 먼 곳에 시선을 두고 있던 내 눈을 무겁게 쓸어내렸다" "침묵의 시를 쓰며, 매 순간// 나를 석방하고 있다"(「택배로 온 심장과 탱고」 부분)에서 시인은 자신의 현실을 "뒷걸음질의 중요성!"으로 인정한다.

    에로틱한 시를 쓰라는데
    …… 내 안에 그게 없다

    뜨거운 밀착, 꺾인 목의 각도, 황금빛 입맞춤

    온갖 에로틱을 대변하는 미술품을
    보고 또 보아도 간수 빠진 소금처럼 바삭하다

    한 번의 뜨거움과 이별은 수분이 사라지게 할 수 있다

    스스로를 태울 각오로 덤비는 사랑이어야 한다
    아무리 파멸로 이끌어도 좋다는 사랑이어야 한다

    나는 아무도 없는 심야 사거리에서 별을 찾는다
    〈

첫 키스의 황홀을 떠올리려 애를 쓰다가

쥐고 있던 한 줌 머리카락을 놓으며

…… 껍데기를 쓴다

시인이 황홀한 시간보다도 더 맥없는 시간이 어디 있느냐.

- 「에로틱한 시」 전문

  시인의 내면에서 "뜨거운 밀착, 꺾인 목의 각도, 황금빛 입맞춤"은 투명한 유리다. 보이지만 가까이 갈 수 없다. "한때는 사랑으로 뻐근해서/ 이별의 상처를 얻"은 기억 때문일까? "내 사랑은 붉다// 붉은 입술이 쏟아낸 핏빛 말들// 붉은 잉크로 쓰인 죽음의 문장들"을 이미 인지하고 있기 때문일까. 그 흔적들이 즐비한 행간을 읽는 것도 시인의 '발칙한 생각'에 가까이 가는 방식이다. 누군가의 부재를 시의 행간으로 살짝 가리고 있는지도 모른다.

2. 통찰과 반성과 사유의 깊이

　불안, 불온한 세상이다. 그 세상의 건너편에 평온한 공기들이 말랑거리며 있을까? 그 길을 건너기 위해서는 건강한 의식이 필요하다. 그 다른 편 길에는 통찰과 반성이 있다. 습관처럼 살아온 길에서 나를 돌아보는 것이 시쓰기이다. 전혜진 시인이 건너가는 방식 또한 수많은 행간에 체험의 흔적으로 남겨져 있다. 우리도 그 길을 따라가 보자.

　「누룽지」「장작들」「히말라야에서 나를 살해했다」「아무 일 아니라는 듯」「자판기」「침묵이 필요한 이유」「시점」「독서」「반딧불이의 환생」「ASMR」 등의 작품에서 시인의 진정성 가득한 행보를 읽을 수 있다. 그 극치의 시편을 한 편 읽어보자.

　　　하늘이 먼저 내려오고
　　　산은 찌를 듯 서 있다

　　　시지프스의 바위를 굴릴 때도
　　　눈처럼
　　　풀처럼
　　　별처럼

〈

하얀 세상의 심장을 더듬으며 오르는

조심스런 걸음으로

나는 순수해지고 싶다

나는 사라져가는 의식을 잡으며

가늘고 긴 길을 만든다

입안에서 눈물 하나가 저절로 녹는다

방전된 넋을 붙드는 건

인연으로 묶인 로프뿐이다

낡은 나를 지우려

눈보라는 죽비를 내리치고

날숨에 주렁주렁 달린 집착이 그대로 언다

하얀 구름이 눈에 맞닿아 있는 곳에

나는 뒷모습을 내려놓는다

〈

거기 설산에 나의 백 년을 숨겨둔다

몇백 년 후 나의 죽음이
눈 위에 보도될 것이다.

- 「히말라야에서 나를 살해했다」 전문

  시는 역설의 힘이다. 행간에 드러난 그대로를 읽는 것이 아니라 시인의 의도한 내면을 읽어내는 것이 고급 독자이다. 단순하지 않은 세상을 건너는 방법 중 하나가 '나를 내려놓기'다. 쉬울 것 같으면서도 어려운 단계다. 시인은 그 세계로 들어가기 위해 욕망과 집착을 내려놓고 "나의 백 년을 숨겨둔다" "낡은 나를 지우려" 한다. 그때 "입안에서 눈물 하나가 저절로 녹"을 것이며 조금이라도 "나는 순수해지고 싶"은 것이다.

가장 낮은 곳에서 뭉쳐진

뭉근히 절제하는 힘의 결과물이다

눌어붙은 향미가 밥의 기도문이다.

- 「누룽지」 전문

서달산 작은 절 뒤뜰에서

가부좌 틀고 있다

제 몸의 불온한 것들

모두 비워낸 마른나무들

가로 세로로 쌓여

부처를 닮은 반쪽의 얼굴로

고요 속에 낮아지고 있다

얼기설기

빈틈 두고 서로 기대며

불꽃으로 다시 살아나는 모서리들

저렇게 가벼워져야

진신 사리 하나쯤

꿈꿀 수 있는

다비의 불꽃이 된다.

- 「장작들」 전문

뒤뜰 오래된 나무 한 그루

아무 일 아니라는 듯 무성했던 잎을 내린다

땅에 뿌리를 묻은 뭇 생명들이 가뿐하게 발밑으로

몸을 낮추는 늦은 가을

저절로 익은 것들은 떨어져

또 다른 생의 예감을 키운다

나도 저리 익어 바닥으로 내려갈 용기가 있는지

환하게 켜진 계절의 모퉁이에서 아무 일 아니라는 듯

뚝뚝 떨어지는, 아프지 않은 윤회의 근원을 본다.

- 「아무 일 아니라는 듯」 전문

전혜진 시인의 시는 어렵지 않다. 그러나 한 문장 한 문장을 씹으면 진액이 나온다. 그것은 시인이 삶의 체험에서 사유의 깊이를 끌어올렸기 때문이다. 거기에 시인의 연륜에서 나오는 통찰과 반성이 행간에 잔잔히 녹아 있다. 물론 아직 살아가야 할 날들이 많다. 하지만 조금이라도 나를 내 안에서 발견하는 것은 나로 살기 위한 시작이다.

"가장 낮은 곳에서 뭉쳐"서 "제 몸의 불온한 것들/ 모두 비워"내고 "아무 일 아니라는 듯 무성했던 잎을 내"리는 그 고요한 자세가 시인이 바라는 것이며 앞으로 나아갈 방향일 것이다. 이는 시인이 시쓰기를 통하여 조금은 이루어질 것이라 믿는다.

3. 셋째 자연(동물)의 생명력을 통해 바라본 건강한 삶의 인식

슬픔을 아는 것, 내가 슬픔이라는 것을 인식하는 것, 시인은 바라봄을 통하여 내 안에 깊게 가라앉아 있는 슬픔을 인지하고 거기서 나만의 울음을 꺼낸다. 그 울음을 통하여 돌올하게 세상에 던져진 나라는 존재를 진정한 눈으로 바라보게 된다. 시인은 이제 그 대상을 자연과 동물의 근원에서 시작한다. 그리하여 현존하는 나를 들여다본다. 그 세상에서는 무엇이 필요할까. 어떤 수식도 학문도 필요 없다. 나라는 존재를 어떻게 인식할 것인가가 중요할 뿐이다.

  전혜진 시인의 의식은 명징하다. 대상에 대한 짧은 인식으로도 깊은 여운을 남긴다. 시인이 가진 인식은 그래서 지금 '나'를 제대로 바라보는 초석이다. 그것이 건강한 생명력이었을 때 세상은 좀 더 밝게 빛나지 않을까. 그리하여 내가 살아가는 삶의 슬픈 물음을 자연의 생명력에서 표출해 내고 있지는 않을까. 그런 시편들은 「황산의 짐꾼」「나의 메리」「고양이와 보름달」「수목장」「가을 고추장」「수박」「붉은 비닐봉지」「수세미」「호박죽」「흰 소」「뱀」 등이다.

  시인은 명징한 소재를 통하여 '나'를 드러내고 싶어 한다. 세상은 본래 단순한 것이었다. 인간이 만든 규율과 법칙이 점점 생활을 복잡하게 만들었다. 우리는 이제 그 속에 익숙해지고 있다. 하지만 시인은 원초적 본능과 건강한 생명력에 마음을 두고 있다. 그것이 본래 우리의 본질인 것임을 안다.

      아득한 산 계단에서 나는 극간의 노동과 마주했습니다

      폄훼할 수 없는 격차는 황산의 높이가 되었을진대
      〈

남자의 마른 어깨로 무겁게 휘어진 중력의 당김을 얼마나 버
틸 수 있을까요

작은 체구의 남자는 가파른 시간을 오르며 형벌 같은 무게를
옮기고

나는 남자보다 크고 무거운 짐들을 보며
그의 삶이 아찔한 허공 같다고 생각했습니다

천 길 낭떠러지 계단 끝에서 구겨진 얼굴로 짐을 내린 남자가
땀을 닦고

소금꽃 핀 주머니에서 낡은 사진을 꺼내 보더군요

그때 알았습니다

이십만 번의 잔걸음으로 가족의 둥지를 지키고
이십만 번의 밭은 숨으로 식구의 입속에 밥을 넣어주는 사람
이란 걸
〈

파인 어깨 위에 올려진 흰 수건 한 장으로

휘어진 아픔을 견디는 가장의 무게가 남자를 버티게 했다는 걸

뱉어낸 마른침이 수직으로 떨어질 수밖에 없는 기울어진 자세로

몸속에 한 방울 남아 있는 진액을 짜내며 발을 떼지만

주머니 속 아이의 웃음은 땀에 젖은

마른 남자를 연꽃으로 피어나게 했습니다

천 길 낭떠러지 같은 인생에 뿌리내리며

잔걸음으로 또 한 발을 떼는 짐꾼의 긴 그림자를

나는 웃음도 울음도 아닌 얼굴로 한참을 보았습니다.

- 「황산의 짐꾼」 전문

시인은 대상을 통하여 자신의 생각을 드러내는 자이다. 그래서 어디를 가든지 시적 대상을 탐구한다. 전혜진 시인은 중국 황산에서 지난한 지상의 통증을 산 정상까지 끌어올리는 남자를 보면서 상상했을 것이다. 그가 "이십만 번의 잔걸음으로 가족의

둥지를 지키고/ 이십만 번의 밥은 숨으로 식구의 입속에 밥을 넣어주는 사람이란 걸" 인식한다. 그리하여 그의 발걸음에서 나오는 거친 숨결을 끌어안는다. 그런 대상을 통한 새로운 상상력을 어렵지 않게 펼치는 것은 시인의 인식 세계가 넓다는 것이다.

자신만의 고유한 인식 체계를 독자적으로 펼쳐내는 것을 우리는 개성이라고 본다. 아주 사소한 것에서 깊은 세계관을 가지고 있는 모습은 가히 철학의 파편이라 생각한다. "붉은 봉지 속 들어앉은 노란 면이/ 매웠던 사랑을 한 우리였는지/ 당신일지/ 아니면, 딱딱하게 굳어진 지금의 나인지."(「라면론論」 부분)와 같은 가장 기본적인 자아 탐구의 의식이 이 시집 곳곳에 흩뿌려져 있다. 독자는 그것을 읽고 싶어 한다. 찾고 싶어 한다.

날리는 벚꽃 잎 눈물 주워
손바닥 위에 놓아봅니다

언제부턴가 이야기 길에서
당신의 사랑이 되었습니다

등이 곧은 뒷모습을 보다 눈이 마주치면

긴 속눈썹

기다림으로 정화된 향내 나는 나무였습니다

봄의 달콤함

대지 위에 피어나는 열기에도

팔 할의 시간은 당신 것이기에

물드는 나뭇잎에 찬사를 보냈습니다

시간의 마디가 힘없이 꺾인 날

촉촉한 눈빛 사라져도

나, 볼 수 있기에 날리는 꽃비 속에서

남은 한 줌의 숨 당신께 드리는

나는

아직 당신의 애인입니다.

- 「나의 메리」 전문

이 시에서 '메리'는 흔하게는 내가 키우는 애완견일 수도 있고, 자연의 건강한 생명력을 가진 사랑의 일부로도 볼 수 있다. 시인은 이런 건강하면서도 따듯한 대상을 끌어와 아프지 않게 행간에 드러낸다. '당신'이 누구인지는 중요하지 않다. 단지 시인이 가진 가치관이 어떤 모습으로 형상화되고 있는지, 거기에서 우리가 인식할 수 있는 '그릇'의 크기가 얼마인지 바라보는 것이다. 아주 짧으면서도 '그릇'의 폭을 넓히고 있는 시편들이 많다. 그래서 이 시집은 울림을 끌어안고 있다.

    자작나무 뿌리 아래 생을 누이고

    백만 번을 살고 백만 번을 죽었던

    윤회를 묻는다

    빛나는 젊음과 순수한 사랑을 기억하는 심장

    작은 생명들과 하나 되는 신비를 깨닫는 경이로움

    꽃상여처럼

    붉고 노란 꽃잎, 숲을 수놓는다.

                                            - 「수목장樹木葬」 전문

막걸리를 내어주고

시큼 텁텁한 술기운만 남겼다.

붉게 익은 마음

수줍어 못했던 고백을 펄럭이며

해 보련다.

- 「붉은 비닐봉지」 전문

이런 주변 사물들에서 삶의 내력을 생성하고 있는 시편들은 가볍게 읽히지만, 결코 그 세계는 가볍지 않다. 어떤 체험을 통해서 획득한 인식인지는 감히 이야기할 수는 없지만 작지 않은 통찰의 힘이다. 그게 건강하면서, 바라볼수록 나를 살려내는 '막걸리'나 '자작나무' 같은 존재라면 "붉게 익은 마음"을 온 누리에 펼쳐 놓은 듯 어쩌랴, 내가 사는 것이 슬픔이라는 것을 깨닫는 순간 세상의 슬프지 않은 것에 푸른 기운과 교감하는 것이 시인이다. 인생이라 그리 녹녹하지 않은 것이라는 것을 내 피톨에 새기는 것과 같다. 전혜진 시인은 그것을 언제 깨닫고 느꼈을까. 내공이 만만치 않다.

4. 대상을 통한 자아 찾기

 시인은 시를 통하여 결국 나를 찾아가는 門에 들어선다. 내 안에 잠겨 있는 자아에 눈길 둔다. 이번 시집의 통로를 네 가지로 나누었지만, 하나는 전체에, 전체는 하나에 서로 이어져 있다. 사랑의 본질은 생명이며, 자연은 우리의 숨결과 맞닿아 있다. 통찰을 통한 반성은 우리가 진정한 자아를 찾아가는 길을 안내한다.
 '나는 누구인가' '어떻게 살아야 진정한 생명력을 얻는가'는 인간의 가장 큰 명제이다. 그걸 다 알고 간다면 얼마나 좋겠는가. 다만 그 깊이를 조금이라도 인식하자는 것이다. 「보푸라기」 「두껍아, 두껍아 헌 집 줄 게 새집 다오」 「보리 굴비」 「청림유치원」 「백자, 그 만족의 힘」 「못을 편 날」 등에서 시인이 가고자 하는 자아의 물음을 인지할 수 있다.

  직각을 견딘 못의 등이 슬프다

  한때는 늙은 아비의 고단함과
  땀 밴 어미의 시름을 널었을 은빛 사명들
  〈

뾰족한 발끝이 파고든 하루가 척박해

시인의 제비가 앉을 둥지조차 하향 곡선을 그린다

작은 평수의 희망이 긴 선을 그으며 떨어질 때

감당했던 무게만큼 부식된 붉은 눈물

벽을 허무는 그들만의 향연은 변명이다

비명을 부른 소리에 울음이 맺힐 때

물린 벽에서 뱉어진 못대가리가 하늘을 향해 가파르게 눕는다

긴 시간 몸을 박고 이겨낸 노동이 아니던가!

다시 파고들 한 뼘의 세상 향해

발끝의 날을 세우는 구부정한 통증들

못을 펴는 내 팔이 징징 울린다.

- 「못을 편 날」 전문

'못'이라는 대상을 통하여 '아비' '어미' '노동'의 역할을 그리고 "직각을 견딘" 모습을 시인은 발견한다. 시인의 시선이 인간적이면서 대상을 따듯하고 깊게 들여다본 관찰력이 엿보인다. 시는 하고 싶은 말을 직접 하지 않는다. 대상을 통하여 묘사하고 드러낸다. 그래야 울림이 선명해진다. 이는 많은 습작을 거친 詩作의 결과물이다.

결국 글이라는 자아를 찾아가는 길목에서 쓰인 창작물이다. 나를 들여다보고 나를 반성하고 진정한 나를 발견하는 것, 그 후에 나를 살다 가는 것, 여한이 없는 삶을 영위하는 것 그걸 깨닫기 위하여 글을 쓴다. 그것을 잘 표출해내고 있는 시 한 편을 더 읽어보자

말하지 않았다

쓸모 있는 삶을
불완전한 표면의 흠을
유약 머금어 변형된 색을
이상에서 벗어난 윤곽을

특별한 존재를 너는 요구하지 않았다

〈

백자, 한 점에 암호처럼 스민 가치

겸손한 빛과 모양새였다

오만이 습관처럼 쌓인 세상에

자연에 순응하고 조화하는 태도로 드러난 아름다움

지구는 이미 기울기가 불균형인데

타인의 오점에도 너그러울 수 있다면

저 백자처럼

가난한 행복을 그릴 수 있을 것이다

도와 세속이 하나 되는 세상을 꿈꾸는

존재만으로 빛나는 만족이다.

- 「백자, 그 만족의 힘」 전문

    이제 시인은 '백자'를 만드는 과정을 통하여 시인이 가진 삶의 세계관을 표출해낸다. "오만이 습관처럼 쌓인 세상에/ 자연에 순응하고 조화하는 태도로 드러난 아름다움"이 펼쳐지기를 바란다. "겸손한 빛과 모양새"가 잘 이울어진 "가난한 행복을 그"리며 "존재만으로 빛나는 만족"을 꿈꾸기를 바란다. 그 자세가 아주 충분히 담겨 있는 시 한 편이다. 이 시를 쓰기 위하여 백자를 공부하고 백자를 굽고 만드는 과정을 통하여 삶의 이치를 진중하게 받아들인 전혜진 시인의 눈길이 있었을 것이다. 그게 시인의 철학이다.

이렇게 몇 편의 시를 통하여 전혜진 시인의 첫 시집 『발칙한 생각』을 들여다보았다. 왜 시인이 시집 제목을 '발칙한 생각'으로 정하였는지도 어느 정도 알 수 있을 것이다. 시인은 세상의 희로애락을 발칙하게(새롭게) 자신만의 눈으로 바라보려 하였다. 그 안에는 '사랑'이라는 따뜻한 눈빛이 있었으며, 깊은 사유의 눈길이 있었다.

이번 전혜진 시인의 시편들은 한 편 한 편 각자가 하나의 秀作인 것처럼 개성이 있다. 시인이 가진 생명력에 대한 긍정적인 인식도 잘 돋보이고 있다. 시가 행복이나 사랑을 드러내는 것보다 아픔과 상처 그리고 오래 견딘 흔적을 남기는 것은 그런 고통과 불안이 서로의 공감대를 끌어내기 때문이다. 세상의 상처받은 자여, 이 시집의 행간에서 조금이라도 치유하고 그래도 이

만큼 살아온 자아의 등을 잘 다독여주기를 바란다. 세상에 내놓은 전혜진 시집이 작은 불빛으로 깜박일 수 있도록 잘 껴안아주기를 바란다. 그래야 시인이 드러낸 '민낯'도 부끄럽지 않을 것이다.